Φ EDITION · BILDSTEIN LEIPZIG-DRESDEN 2014

Der Träumer
Armin Gröpler

Φ EDITION · BILDSTEIN LEIPZIG-DRESDEN 2014

Willst du ein Sträußchen Blumen pflücken,

tu's träumend; ohne dich zu bücken!

Bibliografische Information der Deutschen Nationalbibliothek:
Die Deutsche Nationalbibliothek verzeichnet diese Publikation
in der Deutschen Nationalbibliografie; detaillierte bibliografische
Daten sind im Internet über http://dnb.dnb.de abrufbar.

Originalausgabe
Dezember 2014
EDITION BILDSTEIN
LEIPZIG-DRESDEN

Alle Rechte vorbehalten
© Armin Gröpler 2014
Einbandgestaltung:
Φ EDITION BILDSTEIN
Grafiken/Illustrationen:
Armin Gröpler
Gesetzt: Helvetica Neue/Adobe Garamond/Trebuchet
Herausgeber: Ingo Groepler-Roeser & Karol Kosmonaut
Φ EDITION BILDSTEIN
Herstellung und Verlag:
BoD – Books on Demand, Norderstedt
ISBN: 9783734730481

Einst träumte mir, ich sei ein Pferd
und hätte lange, spitze Ohren.
Als solches war ich schon geboren
und fühlte mich deshalb geehrt.
Und von der Oder bis zur Neiße
war ich berühmt durch meine Scheiße.

Moral: Die Gärtner waren scharf
auf das, was ich vom Hintern warf.

Einst träumte mir, ich sei ein Frosch

und sang in einem Froschquartett.

Das Quaken klang besonders nett,

weil ich dazu die Pauke drosch.

Die Störche litten große Not

und kamen um ihr Abendbrot.

Moral: Ein Storch wird niemals dick,

bei permanenter Frosch-Musik!

Mir träumte, ich sei Millionär

und hätte stapelweise Geld.

Da Anderen das auch gefällt,

so kamen sie mir in die Quer.

Ich steckt das Geld in ein Sakko

und machte Umzug nach Monaco.

Moral: Hast du sehr große Scheine,

zieh' nach Monaco, doch alleine!

Es träumte mir, ich sei ein Lied
und käme vor in Operetten.
Mich sang ein Held, der lag in Ketten,
bevor im Kerker er verschied.
Das »Sterben« war dem Held gelungen,
doch ich war nunmehr abgesungen!

Und die Moral von der Legende?
Ein Opernlied hat auch sein Ende.

Mir träumte, ich sei Chef der UNO
und wollte unsre Erde retten,
begann nun um die Welt zu jetten,
hieß »Kofi« nicht, nur simpel »Kuno«.
Doch viel vermag sie nicht, die UNO,
ob Kofi Annan, oder Kuno.

Moralisch lässt sich das nicht werten.
Ihr Job? Sie hatten den verkehrten.

Mir träumte, ich sei ein Gewitter

mit Blitzen und mit Donnergrollen.

Mit fürchterlichem Augenrollen

macht' ich der Menschheit Leben bitter!

Und als es donnert, blitzt, goss,

so manches in die Hosen floss!

Moral: Wenn Katastrophen tosen,

dann geht uns alles in die Hosen!

Mir träumte, ich sei ein Kamel;
ein Scheich saß zwischen meinen Höckern.
Behaglich fing er an zu schmökern,
in einem Buch von Marc Aurel.
Denn Bildung trägt den Wüstenscheichen
viel Achtung ein bei ihresgleichen…

Moral: Es ist ein großer Fluch,
wenn Scheiche reiten ohne Buch!

Mir träumt, ich sei Karriereleiter

für Streber und Parteigenossen.

Die krallten sich an meine Sprossen,

so mancher kam nach »Oben« weiter.

Die höchste Sprosse an der Spitze

war ähnlich einem Schleudersitze.

Drum flog mit Krach und etwas Zunder

so manch Genosse wieder runter.

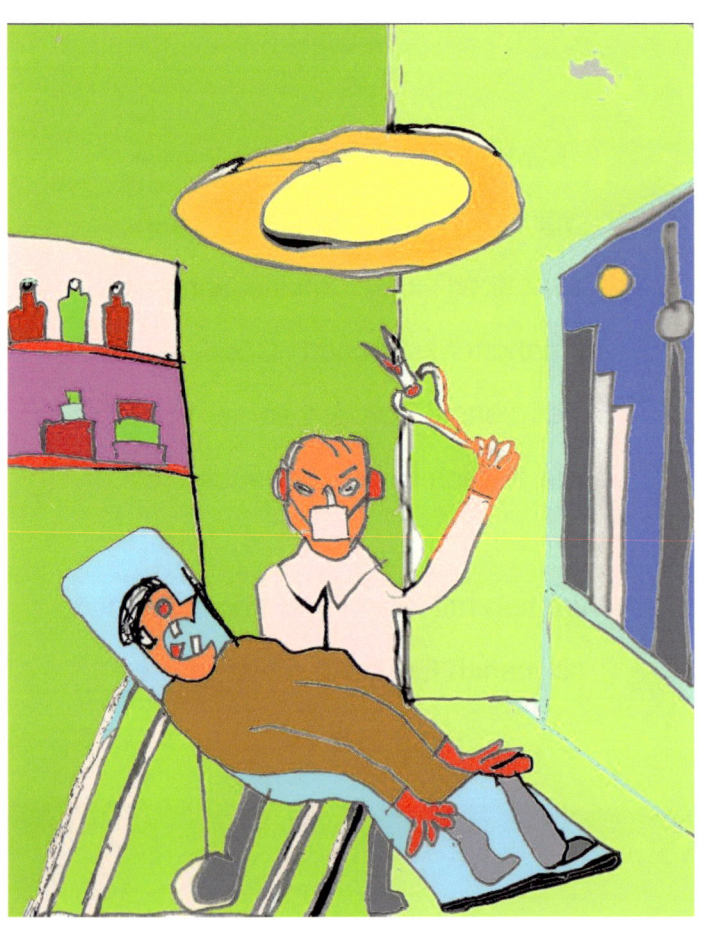

Mir träumte einst, ich sei Dentist.
Mitunter war das voller Grauen.
Dem Volke in das Maul zu schauen
bedurfte mancher argen List.
Und hing das Maul mal Einem schief,
dann wurde ich auch eruptiv.

Moral: Es zeigt des Volkes Maul
sehr oft die Zähne, meistens faul!

Mir träumte, schon bereits als Kind,
es gäbe Ländergrenzen nicht,
weil der Natur das widerspricht,
ich könnte reisen, wie der Wind.
Ich war durchaus ein rechter Streuner
und alle nannten mich »Zigeuner«.

Moral: Heut' reisen permanent,
die Kerls, die man Touristen nennt.

Mir träumte einst, ich sei ein Wunder

das täglich tausend Pilger foppte.

Wo Jesus man die Nägel kloppte,

da blitzten Flammen, rot wie Zunder!

Es kam ein Fräulein, eine Nette,

und zündet dran die Zigarette.

Moral: Man sieht hier, wie die Frauen,

sehr praktisch, auf die Wunder bauen!

Mir träumte einst, ich sei ein Dolch

in eines Mörders feister Hand.

Der stieß mich sicher und galant

in einen Banker, so ein Strolch.

Die Sache wurde zur Routine

und ich mutiert zur Mordmaschine.

Moral? Das Land war beinah ganz

befreit von Herrn der Hochfinanz.

Mir träumte einst, ich wäre Sekt.

Man tränke mich auf Pressebällen,

wo Journalisten Weichen stellen,

wenn sie genug von mir geschleckt.

Dort sind sie ganz perfekt verwoben,

mit den Politikern »dort oben«.

Moral: Der Journalisten Trick,

der Sekt regiert die Politik.

Mir träumte einst, ich wäre Quark

und machte, wenn man mich verzehrte,

(was jede Frau durchaus begehrte)

der Männer ihre Muskeln stark.

Die Hoffnung, die stand auf der Kippe:

so mancher Mann blieb ein Gerippe.

Moral: Auch Quark schafft für die Weiber

nicht immer schöne Männerleiber!

Mir träumte einst, ich sei Papier,
auf das ein Dichter Verse kritzelt,
sehr ernsten Sinnes, nicht verwitzelt,
wie beispielsweise diese hier.
Ihm fiel bei Kerzenschein was ein,
doch leider las das nie ein Schwein!

Moral: Wenn einer »Schönes« dichtet,
wird er durch Armut hingerichtet!

Mir träumte einst, ich sei ein Buch,
nicht jenes mit den sieben Siegeln,
doch konnte man sich in mir spiegeln
und vielen war das wie ein Fluch.
Erblickten sie ihr Spiegelbild,
dann wurden sie wie Stiere wild!

Moral: Am Buch kann nur genesen,
ein Mensch mit frohem Seelenwesen.

Mir träumt, ich sei ein Vorbehalt

und ließe die Entschlüsse wanken.

Bevor am Ziele die Gedanken,

verwarf ich Absicht und Gestalt.

Um mich herum wuchs permanent

nichts als Ruinen und Fragment.

Moral: Es lässt sich nichts gestalten

mit Zweifel, und mit Vorbehalten!

Mir träumte einst, ich wär' in Rom
und Papst Franziskus sei mein Freund.
Mit ihm bin ich herumgestreunt
durch bunte Gassen weit vom Dom.
Wir schnupperten in allen Winkeln
und gingen auch zusammen pinkeln.

Moral: Der irdische Genuss
ficht auch den Papst an, wenn er muss!

Mir träumte, ich sei ein Major
der kriminalen Polizei,
Abteilung »Staatsverbrecherei«,
denn das Delikt kommt häufig vor.
Ich brachte wenige zur Strecke:
sie steckten unter einer Decke.

Moral: Der Staatsverbrechen Lauf
klärt ein Major nur selten auf!

Mir träumte, ich sei (mit Gewinde)
so eine Schraube ohne Mutter.
Papa ertrank mit einem Kutter,
so, dass ich mich verwaist befinde.
Da nahm sich meiner an ein Dübel
und dieser Kerl war gar nicht übel!

Moral: Den Schrauben geht es gut,
wenn es der richt'ge Dübel tut…

Mir träumte einst, ich nahm die Droge

und dieses hatte seinen Grund:

Bei jedem neuen Leichenfund

wurd' ich gebraucht als Pathologe.

Ich öffnete Politiker

und literar'sche Kritiker…

Moral: Ist so ein Kerl gestorben,

war er vom Geist bereits verdorben!

Mir träumte, ich sei Dirigent

von einem großen Weltorchester.

Auch Japan, Chile und Manchester

beschallten wir sehr vehement.

Die Krönung unsrer »Odyssee«?

Gastspiel beim Herrgott in der Höh'!

Moral: Gott baut uns eine Brücke

für künstlerische Meisterstücke!

Mir träumte, ich sei eine Nuss
an einer Palme nah am Strand.
Ich schaute über Meer und Land
und hatte keinen Überdruss.
Ein Genius hat den Baum erklommen,
hat mich geknackt und ausgenommen.

Moral: Willst du das Schicksal packen,
dann musst du harte Nüsse knacken!

Mir träumte, ich sei Satan gar,
Filiale-Leiter in der Hölle!
Das ist 'ne gut bezahlte Stelle,
in Naturalien und in bar.
Dort musste ich den Kessel heizen,
die Opfer pfeffern und dann beizen.

Moral: Die Hölle spart nicht Kosten
für den perfekten Heizer-Posten!

Mir träumt, ich sei ein Hirngespinst,
stets auf der Jagd nach originellen
und unbekannt-absurden Quellen,
an denen man viel Lust gewinnt.
Doch mancher Quelle heller Sprudel
entpuppt mit Tücke sich zum Strudel.

Moral: Wer Hirngespinsten winkt,
sehr oft im Strudel tief versinkt!

Mir träumte, ich sei ein Gebilde,

hochschwebend in der Atmosphäre,

als wenn ich eine Wolke wäre,

die keine Absicht führt im Schilde.

Aus dieser Perspektive war

die »schlimme Welt« so wunderbar!

Moral: Willst Unbill du entweichen,

dann musst du einer Wolke gleichen.

Mir träumte einst, ich sei ein Baum
mit hundert überreifen Früchten.
Den Leuten mit fatalen Süchten
war ich am Tage schon ein Traum.
So kamen sie in Scharen raffen,
es kamen Menschen, Tiere, Pfaffen.

Moral: Wo Schnaps an Bäumen hängt,
es massenhaft das Laster drängt.

Mir träumte, ich sei Kommunist,
in einer bleiern-schweren Nacht
ward ich um den Verstand gebracht
und war nichts als ein Solipsist.
Manch Kommunist ist gar nicht faul
mit hohlen Thesen, frechem Maul!

Moral: Der Traum, der muss verwesen,
wenn er gespickt mit falschen Thesen.

Es träumte mir in meinen Kissen,

man salbte mich nach meinem Tode.

Von draußen schien der Mond marode.

Da ward ich aus dem Schlaf gerissen.

Jetzt bin ich wieder purzelmunter

und fühle mich recht kunterbunter!

Moral: Wenn man vom Tode träumt,

ist man hernach sehr aufgeräumt.

Mir träumte, traumlos durchzuschlafen,

doch wunderbar um mich erhellt!

Es war die Rede nicht von Geld

Und andrer übler Teufelsstrafen…

War dieses gar die Ewigkeit?

Dafür wär ich sehr gern bereit!

Moral: Sind Träume frei von Zaster,

dann naht der Tod; befreit vom Laster!